내 사랑 빠마이

시와문화 시집 049

내 사랑 빠마이

정도연 시집

시와문화

■ 시인의 말

시는 나의 동무다.
홀로 있을 때, 슬플 때
위로가 되어주고
기쁠 때는 함께 외쳐주는
답답함의 출구다.

시는 나의 삶이다.
정의와 진리의 만남이고
세상을 향한 노래이며
땀 흐르는 노동가이고
잠들지 못할 때 자장가이다.

죽음이 시를 만나던
'내 사랑 빠마이'
그날은, 참 아름다운 날이었다.

2021년 1월 정도연

차 례

■ 시인의 말

1부 참 아름다운 날

빠마이 구름 _ 12
재 _ 14
메사이 다리 _ 16
참 아름다운 날 _ 21
보라색 샐비어 _ 25
내 사랑 메콩 _ 26
빠마이 _ 27
메콩강 소년 _ 28
메콩강 돌고래 _ 30
국경 앞에서 _ 31
유전 인자 _ 32
비(雨) 동생 _ 34
끝 _ 36
제주 _ 38

2부 참 아름다운 추억

고통 _ 40
길 _ 41
다시 달님 _ 42
물 _ 43
목마름 _ 44
뿌리 _ 45
사이버 가지치기 _ 46
봄 _ 48
산 _ 49
새해 _ 50
자기 소개서 _ 52
용서 _ 53
2월 28일 _ 54
잠 _ 56
산 사나이 _ 57
탁란(托卵) _ 58
커피 _ 59

3부 참 아름다운 사람

감사 _ 62
고향 1 _ 64
고향 2 _ 66
고향 3 _ 68
고향 항구 _ 70
국화 향 _ 72
시집(詩集) _ 75
그 섬에 _ 76
명태찌개 _ 78
그가 나를 살렸다 _ 80
무궁화호 _ 81
시(詩) 1 _ 82
시(詩) 2 _ 83
수원역 _ 84
어머니 _ 86
울 엄마 _ 88
얼굴 없는 한가위 _ 89

4부 참 아름다운 노래

눈사람 _ 92
단풍나무 아래서 _ 94
나무 주사 _ 97
더 서러워 _ 98
보름달 2 _ 100
무지개 _ 102
부부 _ 103
신경초 _ 104
세월호의 아이들! _ 106
섬 _ 108
역설 _ 109
친구 1 _ 110
친구 2 _ 112
인동초 _ 113

■ **해설** 메콩강 소년의 눈에 비친 세상과 시/ 박몽구 _ 114

1부

참 아름다운 날

빠마이 구름

빠마이 구름은
제 한 몸 가누기도 힘드나 보다
산을 오르고 오르다 지쳤는지
축 처진 모습으로 내려와 앉는다.

빠마이 구름은
나그넷길에 지쳐 조나보다
꾸벅꾸벅 졸다가 이내 깊은 잠에 빠졌는지
움직이지도 않는다.

빠마이 구름은
매일 퍼붓는 비에 젖어 무겁나 보다
하늘을 떠다니지 않고
산허리를 의지해 제 몸을 휘감고 있다.

아니다,
빠마이 구름은
제 몸 가누기가 힘들지도
지쳐서 졸지도
빗물에 불지도 않았다.

빠마이의 구름은
그저 오염되지 않은 작은 에덴,
아직 살아있는 모든 것들이
순수한 아름다움으로 남아 있는
이 동산에 함께 살고 싶을 뿐이다.

재

그래, 다 타버려라
훨훨 타오르는 불로
시원하게도 태워 버렸구나

태워 버려라
대나무와 갈대가 타듯
너희들의 문화 속에 흐르는
그 저주스러운
타락한 성문화도 태워 버리고
식기가 타고 냉장고가 폭발하는 동안
그 안에 묻어있는 너희들의
그 찌든 게으름과 나태함도
함께 폭발시켜버려라

쓸어 버리자꾸나
타버린 재를 치우듯
타버린 우리의 죄를 치워버리자
모든 것을 태워 버린 후에 온
이 시원함과 통쾌함을 맛보자꾸나

어떻게
이 고요와 평화가 있을 수 있겠니
모든 것이 다 타버린 후에야
올 수 있는 것이 아니겠어?

*2001년 1월 24일 빠마이 공동체 부엌과 식당이 불에 전소되었다. 형들이 치앙라이로 체육대회에 가고 없는 사이 1학년짜리 두 아이가 카사바를 구워 먹고 난 후 불씨를 끄지 않은 것이 원인이 되어, 대나무와 갈대로 된 건물은 순식간에 불길에 휩싸여 어떻게 손쓸 겨를도 없이 다 타버리고 말았다. 행여 남은 것이 있나 새카맣게 타버린 잿더미 속을 뒤져보았으나 남은 것은 아무것도 없었다. 아이들의 식기는 물론, 솥과 부엌 도구 일체와 냉장고, 정수기까지 모두 타버렸다. 메짠 공동체에서 올라온 아이들과 잿더미를 치우던 나는 이렇게 중얼거려 보았다.

메사이 다리

Ⅰ
메사이 '다리'
태국과 미얀마 사이를 흐르는
'쏩루악' 시내 위에 놓인
15m의 국경 다리,
그곳엔 세계가 있고
숨 쉬는 삶이 보인다.

때 묻지 않은 자연과
문명의 이기가 함께 호흡하고
쉴 새 없이 오가는 수많은 사람과
가득 채운 화물트럭이
이데올로기를 넘나들며
삶을 꿈꾸며 가는 곳.

핫팬츠, 디지털카메라, 금발 머리,
어느 부족의 전설에 나오는
흰 코끼리 마냥
덩치 큰 서양 관광객,

행여,
그가, 오래전 잃어버렸다는
그 형제인가!
언젠가 빵을 가지고 찾아올 거라는
막연히 가슴속에 흐르는
전설에 희망을 품고
바나나 잎 한 짐을
이마와 등에 메고 건너와
쌀 한 봉지와 소금 한 줌에
휜 허리 펴며
만족한 미소를 머금은 부족 여인들,

제 몸 가누기조차 힘든 아이가
제 덩치만 한 동생을
땟물 흐르는 보자기에 의지해 메고
국경 다리를 넘나드는 착한 사람들을 찾아
빵 달라고 두 손 내밀어
흔들어대는 아이들

그리고

아직 한 가닥 살아있는
그 양심의 소리 때문인지
무언가 감출 것이 남아 있기라도 하듯
다리 기둥 뒤편에
감추어도 숨겨지지 않는 몸뚱어리를
애써 웅크리며
실눈 가늘게 뜨고 지켜보는 여인,

메사이 다리엔 삶이 있고
잃어버린 우리의 과거가 호흡하고 있다.

그곳에 가면 세계가 있고
언제나 변함없는 그 모습인 것 같으나
매 순간 새로운 화면으로 가득한
작은 우주가 숨 쉬고 있다.

Ⅱ
이곳은 빵이,
원초적 본능이 지배한다
사상의 이데올로기와 민족주의의 물은

더 흐르지 않은 지 오래되었다
오직 맘머니즘의 시내가 흐르고 있을 뿐이다.

이곳은 사막이다
황금 모래로 온통 뒤덮인
황금 사막이다.

오가는 사람은 그리도 많건만
이곳엔 사람이 없고
오직 황금뿐이다.

오늘도 저 루비 시장 한쪽에선
큰 거래가 이루어지고 있나 보다.

Ⅲ
한눈에 보아도 가짜 같은 보석을 팔려고
즐겨 찾는 고객들의 나라말
한마디씩 구사하며 불러대는 상인들.

마약과 황금에 눈이 먼 아빠를 위해

심청이가 되어
뱃사람을 기다리는 어린 소녀들의
가녀린 눈빛.

매일 반복되는 업무에 중독이 되었는지
눈빛 한번 주지 않고 스탬프를 찍어주는
양 국경의 이민국 직원들.

이런 풍경의 신비로움을 하나라도 놓칠세라
연신 카메라의 셔터를 눌러대는 수많은 나그네.

왠지,
이곳에 서면 사람 냄새가 물씬 풍긴다.

저들을 보면
사람을 만나는 것 같다.

그러나
진정 나에게 있어.
이들은 모두 마게도냐 인의 외치는 소리이다.

참 아름다운 날

참 아름다운 날이었지
네가 이 땅에서 마지막 호흡하던 날은
유난히도 맑고 깨끗한 그 아침
빠마이 구름 정거장에 쉬어가던 구름도
너의 마지막 가는 길을 지켜보는 느낌이었어
무슨 하고픈 말들이 그리도 많았는지
오늘 밤만 조금 더 늦게 자면 안 되겠느냐고
애교스레 떼쓰던 너희들,

아니나 다를까 새벽 예배엔 단체로 결석했지
그런데 홀연히 들어와 사뿐히 자리에 앉는
한 사람이 있었어.
살며시 고개를 숙이고
"참 아름다워라 주님의 세계는"
그 찬양을 따라 부르던
그때 그 모습이 왜 그리도 아름다웠는지

너의 그 아픈 마지막 호흡이 있고서야
깨달을 수 있었지

그래 넌 알았겠지!
생후 7개월 때 사선을 넘어서서 내쉰
네 호흡의 정해진 시간을 말이야.
매 순간 초침과 함께 다가오는 그날을

그런 너였기에
그렇게도 담대할 수 있었니?
아무도 깨어나지 않은 새벽을 깨우고
텅 빈 작업장에 홀로 앉아
마지막 호흡을 세며 자갈을 담았던 거니?

나 말이야.
인공호흡이란 것 처음이었어.
경황이 없어 다른 것은 기억이 나질 않는데
네 입술의 그 포근함이 두려움을 없애 주었어

너의 마지막 심장의 고동이 메아리치고
네 육체의 체온이 식어 갈 때
우리의 심장은 깨어났으며
가슴은 뜨거워지기 시작했어

모두가 하나였고
하나의 소원이었으며
한마음으로 호소했었지
그리고
적어도 그 순간만은 진실했었고

언제 또 다시
그런 찬송, 그런 기도를 드려볼 수 있을까

잠꼬대하면서
"조금만 더 있다 가면 안 돼요?"라고
떼를 썼다면서…

너의 아빠는
두려워하는 우리를 이렇게 위로해 주셨어.
"여보 히스기야는 겨우 15년이었는데
우리 상렬이는 20년을 연장해 주셨어."

너의 마지막 가는 모습을 보며

난 한 가지 다짐을 했단다
"이렇게 살아야겠다
마지막 호흡이 멈추는 순간까지
나에게 주어진 이웃을 사랑하며 섬기다
편안한 미소를 유언으로 가야겠다."

그러고 보니
네 헌신이 우리의 진정한 교실이었구나

*2001년 8월 9일 한국에서 태국 소수민족 공동체로 봉사 활동을 왔던 스무 살 김상열 형제가 태국 북부 미얀마와 국경 지대에 있는 '빠마이 공동체'에서 심장마비로 하늘나라에 먼저 간 사건이 있었다.

보라색 샐비어

늙으신 왕비님은
빨간 샐비어를 사랑해
빨간 재킷을 즐겨 입으셨다.

백성들은
보라색이 가장 잘 어울리는
젊은 왕비님을 사랑했다.

빨간 사랑
보랏빛 그리움 30년
왕비님 정원에
빨간 샐비어 조명 아래
보랏빛 샐비어가 만발했다.

*태국 왕비 정원의 주인공 왕비는 빨간 샐비어를 좋아해, 이 정원에는 항상 샐비어가 피어 있어야 한다. 그러나 태국에서 왕비를 상징하는 색은 보라색이다.

내 사랑 메콩

강가에는 모래톱 대신 돌담
바위산이 무너지고 마천루가 솟았다.

황톳빛 물침대에 누워 흔들리며 졸던 별들은
수은 가로등 싸늘한 눈빛을 피해 숨어버렸다.

카지노 앞 가라오케 베이스 앰프에 강물이 흔들리고
밤새워 암석을 찍어대는 굴착기의 둔탁한 소리가
풀벌레의 청아한 노래를 삼켜 버렸다.

종일 쉴 새 없이 관광객을 나르던 강물도
어둠 속에 자취를 감춘 걸 보니
고단한 몸 어딘가에 부리고 잠시 쉬고 있나 보다.

내 사랑 메콩의 시름이 깊어지고 있다.
문명의 무게만큼

빠마이

빠마이 공동체는
그리움을 삼켜야 하는 곳입니다.

그립다 편지도, 멜도, 전화도 할 수 없는
그냥
모든 그리움을 삼켜
시로 토해내고
노래로 뿌려지는 곳입니다.

써야 하는 글,
불러야 하는 노래를
눈물로 시린 가슴에 새기고
풀 벌레, 별들과 합창하며
또 다른 행복에 젖게 하는 이곳은
아직 남아 있는 나의 낙원인가 봅니다.

메콩강 소년

만년설 녹아내려
얼어붙은 대지 촉촉이 적시고
먼바다를 그리며 늘어선
봉우리와 봉우리 사이사이를
흐르고 흐르는 동안

바위의 모난 거친 부위를 윤기 나게도,
윗동네 시집간 딸 소식
아랫동네 친정 어미에게 전해주기도

총도 칼도 없이
막다른 곳 찾아 피해 온 병사들에게
잠시 쉴 시간을 만들어 주기도

기름진 토양 만들어
구름처럼 살아가는
소수민족의 허기진 배를 채워주기도

태고부터 감추어진 보석과
가냘픈 여린 꽃잎으로

탐욕가의 피를 뽑아 붉게 물들이게도 한
너, 메콩강아
내가 너에게 소년의 꿈을 품었노라.

*메콩강은 2차대전, 중국의 국공 전쟁, 지금도 계속되는 소수민족 독립 전쟁, 그리고 그 전쟁 속의 전쟁, 양귀비의 유혹이 일으킨 마약 전쟁의 역사를 안고 흐른다.

메콩강 돌고래

메콩을 사랑하는
바다 사나이가 있다기에
시기 반 호기심 반으로 찾아 나섰다.

티벳의 만년설 땅속에 스며
바위를 뚫고 굽이굽이 협곡을 이루더니
캄보디아 지평선 위에
바다를 이루고 사막을 그려 넣어
그대를 불러들였구려,

내 마음보다 넓고
내 사랑보다 깊고 긴
내 사랑 메콩은
바다를 사랑하고 있었다.

국경 앞에서

문명은 선 긋는 것을 좋아하고
편 가르기 게임에 목숨 건다
구속될 수 없는 자연을
구속하겠다고 으름장이다
밤낮없이 불 밝히고 눈을 번득이며
깊은 숲을 노려본다.
문명이 남긴 빚더미를 끌어안고
자연은 자신의 한계 앞에 무릎 꿇어
그를 받아들이며 동거를 시작한다.

저기 그어놓은 저 선은
무엇에 대한 도전일까.

유전 인자

총칼로 점령해
주인 행세하며 기록해 놓은 책
읽고 자란 도련님
정복자의 그림자 되어 돌아왔네

먼 산 굽이굽이
흙먼지 일으키며
백마 타고 짓는 눈웃음에
앞산 한 번 넘지 못한 숫처녀 가슴
붉게 물들였다.

낯선 옷차림에 기죽고
정복자의 언어에 감탄하고
박피한 피부에서 풍기는
익숙지 않은 향에 코는 벌렁이고
왕자님의 뻣뻣한 고개에
의심 가득한 어르신들의 눈매
방부제 이스트 부푼 빵에
굴복한 배고픈 사람들

자연의 무한한 포용력인가
노예 유전자인가.

총칼로 억압된 육체
빵과 쾌락에 빼앗긴 영혼.

*라오스 방비엔에서

비(雨) 동생

맑지 않은 머리
뻑적지근한 몸을 굴리며
녀석이 주고 간 젖은 편지들
그 말라버린 추억을 정리하는데
그때처럼 동생이 올 것만 같다.

이성계의 10만을 위화도에 묶어두고
고려의 꿈이 압록강을 넘지 못하게 했던
역사의 비
화면 가득히 내리는 동안
깜깜한 어둠 속에서 들리는
동생 냄새에 취해
쓰러지듯 바닥에 누워 잠이 들었다.

쌀쌀한 느낌에 깨어 보니
대지를 뒤덮던 뽀얀 먼지 씻겨내고
파란 싹에 아침 햇살을 피우고
하얀 구름 너울
산기슭에 걸쳐두었다.

나는 내 방을 치우는 데만 1주일째인데
녀석은 잠시 지나만 갔는데
눈부시게 파란 희망을 밝혀놓았다.

*태국 사람은 비를 '비 동생'이라 부른다.

끝

모든 끝은
검거나 하얗다.
뭍과 바다의 끝자락
파도를 부수며 깨지는 바위
파도에 다듬어져
다시 뭍에 쓸려오는 모래

육지와 바다가 만나는
꼭짓점은 하얗고 검었다.
그 검은 바위 위에 서니
그의 하얀 미소가 보이고
그 하얀 모래 위를 걸으니
발자국이 선명하다.

섬이 평화로운 것은
뭍의 한계이고
바다의 끝이기 때문이다.
멈출 줄 모르는 뭍의 야망
파도가 다독이며 쓸어가고
거친 바다의 욕망

온몸으로 막아선
갯바위가 있어서다.

서로 다른 두 끝이 만나
부서지고 깨지느라
철썩거리는 요란함이
시원하고 아름다운 것은
그것이 평화이기 때문이다.

나를 막아선 그
더는 내가 할 수 있는 게
아무것도 없는 그곳에
홀로 서 있는 게 희망이다.

커플 티 입은 신혼부부들
팔짱 꽉 낀 채 꿈꾸러 왔다.
부부는 다름을 인정하고
나의 한계를 그의 한계로
이어가는 사이다.

제주

제주를 만나려면
겸손해져야 한다.

낮은 오름들은 히말라야의 거봉들을 오르내린
힘과 인내로도 갈 수 없고
최고의 문명으로 무장하고도
하늘과 바다의 도움을 받아야
다다를 수 있는 신성한 감옥이다.

수평선에 제 몸 가두고
파도가 꺼내준 바닷속 양식
바람이 남겨 둔 곡물 몇 알에도
우주를 품고 감사하는 생명의 동산이다.

높고 험한 산은
야망으로 품어 정복되지만
우주를 품고도 낮은 수평선은
받아들여야만 하는 겸손이다.

2부

참 아름다운 추억

고통

나는
늘 사랑을 말합니다
자비로운 섬김이라며
늘 분주한 척합니다.

그러나
나는 압니다.
내 사랑은 아직도
한참을 미움과 싸워야
태어날 수 있다고

나의 나눔에도
우월과 인색함이 너무 진해
양심의 향기가 피어나지 못합니다.

사랑은
고통을 지나야 열리는 길입니다
내가 찾고 이루어야 할 사랑은
더 많은 고통을 통과해야 하니
아직도 까마득합니다.

길

나이를 먹으며
굽혔던 허리를 펴니
굽이굽이 돌고 돌며 듣던
나그네들의 이야기 들리지 않고

절벽 같던 곧음도
가슴을 뚫어 바람에 길 내주어
다리를 놓아 낮아지니
땀에 젖은 옷 속으로 파고들던
맑은 메아리 사라지고

생명의 줄이
정복과 약탈을 불러왔다.

주인이 바뀌니
산천이
생명을 숨기어 지켜왔다.

다시 달님

사라진 듯했던 달님이
살며시 수줍은 미소를 터뜨리며
죽은 듯한 그리움의 씨를
살려냅니다.

다시는 그 빛이 없는
깜깜한 어둠이려니 했는데
달은 또다시 내 가슴에 떠오르며
하루하루 짙은 밤을 잊게 합니다.

이제 보름 동안
살아있는 모든 것은
내 안에 뿌려진 씨를 따라
차오르는 달님을 바랄 겁니다.

물

원래 물은
산보다
높은 곳에 있었다.

그러나 물은
생명을 품으려
낮은 곳으로 내려갔다.

생명을 위한 물은
가장 높은 곳에서
가장 낮은 곳을 오간다.

쉬지도 않고

목마름

시원한 물을 들이켜고
따뜻한 물을 마셔도
샤워하고 청량음료를 마셔도
타는 목이 적셔지지 않는다.

물동이 이고 멀리 갈 필요도 없이
엎드러지면 입 닿는 곳에
수많은 우물이 있어도
마실 물은 찾을 수 없다.

이리 우물이 많은데
또 우물을 파는 걸 보니,
그도 목이 마른가 보다.
거리도 깊이도 오십보백보다.

목마르다.
깊은 곳에서 퍼낸 고독한 물 한 방울이
메마른 땅을 파 들어가
거친 숨이 토해내는
흙먼지를 들이켜고 싶다.

뿌리

논밭 갈다
행여 고목 뿌리 만나거든
파내어 내버리지 마소.

개척자의 땀을 머금고
그 땅의 생명을 이어왔소이다.

거두어 흙 털어내고
사이사이 묻어 있는 사연으로
노래 지어 부르소서.

실수이거든 교훈 삼고
자랑거리거든 긍지로 세우소서.

사이버 가지치기

숲이 무성해지면 생명의 나눔도
풍성해지리라 자연에서 배웠습니다

특별한 생명체이기에
종(種)이 다를지라도
붙여 두고 기다리다 보면
더불어 살아갈 수도 있으리란 믿음을
의심하지도 않았습니다

그렇게 세 해를 기다렸건만
울창해 보이는 숲에는 나무가 없고
접붙인 가지엔 새싹이 보이지 않습니다

마른 가지 위에 짙어져 가는
푸른 기생 식물의 튼튼한 둥지가
착시 현상을 일으켰던 것입니다

가지치기 해야 할 것 같습니다

주어진 수명 동안 제 역할을 다한 가지는

예쁘게 다듬어 새싹에 길을 내주고
종이 다른 가지는 미련을 접고 잘라
음지의 생명에게도
햇빛 마실 기회를 주겠습니다.

봄

시간은 눈을 녹여
아지랑이를 피워내고

침묵은 얼음을
꽃으로 빚습니다.

사십 년 쥐불놀이에도
녹지 않는 눈사람 하나
파릇파릇한
고향의 봄을 알립니다.

산

산 하나 넘었다
되돌아서 보니 그대로다

산은
사라지지도
낮아지지도
쉽게 넘어지지도 않았다.

험한 산길
넓히지도 다지지도 못한
내 발자국

오히려
이정표를 바꾸어버려
뒤따르는 누군가에게
혼란만 더했다.

목마름 참고 넘어
맑은 시내 바랐건만
기세 높은 탁류만 여전하다.

새해

기약이 있었다지만
설마 그것이 내게 한 기별이고
그날이 오늘일 줄은 몰랐습니다.

기다림이 없었던 터라
맞을 준비도 잊었는데,
분초의 착오도 없이
문턱을 넘어섰나이까.

담장 너머에서 기척이라도 해 주지
성큼 들어서는 임이 야속도 하고,
반갑기보다 당황스럽습니다.

어깨 위에 앉은
까만 눈동자들 잊어버리라
그리움도 말라버리라
망연한 시간
추스를 마음조차 잊었답니다.

내 심장에

새로운 피를 넣어 주시고
내 다리의
힘줄을 당겨 주시는 님
두 손 모아
던져둔 헌 이불
곱게 다시 빨겠습니다.

*나는 해마다 새해가 되면 거두는 생명들 한 해 동안 먹이고 입히고 학교 보내는 예산을 세워야 한다.

자기 소개서

밤새 꿈을 꿨다.
낡은 교실에 꽉 찬 학생,
책걸상이 부족해
바닥에 난 쪼그려 앉았다
선생님의 지시를 따라
자기소개서를 쓰는 시간이다.
내 볼펜은 아무리 해도
글이 써지지 않았다.
모두 쓰고 나갈 때까지…
떨어진 연필을 주워
선생님이 지켜보는 가운데
겨우 두 줄 썼다.

'정도연
cdy591@hanmail.net'

용서

길게 숨 들이마시고
천천히 천천히
마셨던 숨 내 쉬면서
분노 토해 버리려 했지만
의지로 되는 것이 아니었습니다.

내 편이 되어주길 바라
치 떨리는 울분을 삭여보려 했지만
감정으로 되는 것도 아니었습니다.

내 안에 사랑이 숨 쉴 공간을 주지 않던
그런 존재들의 굴레

그 시간이 언제인지도
그곳이 어디였는지 기억도 없는데

아팠던 자리
그것은 은혜였습니다.

2월 28일

끝은 늘 새로움과
이어져 있다는 것이
그나마 위로다.

사랑은 포용해야 한다는
진리가 주는 책임감
그 걸맞지 않은 자리에서
일어나야겠다.

미련의 낡은 커튼을 젖히고
고도 근시적 습관에서 벗어나
창문 너머를 보고
담장 밖 나들이라도 해야겠다.

2월이 좋은 것은 세상을
처음 만난 날이기도 하지만
미련의 종말에 이르기 전에
봄을 시작하기 때문이다.

마냥 어리석은

사랑의 열매를 기대하기보다
희미하나 아직 남은
임의 향기와 체취가
사라지기 전에
날갯짓을 서둘러야겠다.

잠

앞산에 구름 한 조각
길을 잃었나 봅니다

밤사이 쏟아진
장대비 피해
산기슭 머문 사이
잠이 들었나 봅니다

아침이 밝았는데
구름 한 조각
녹색 숲의 포로가 되어 있습니다.

산 사나이

바다에 가본 지 15년이 지났다.
아내는 20년도 더 지났다고 한다.
그리워하지 않아서일 게다.

산만 보고 사는데
산이 지겹지 않은 것은
산에도 바다가 있어서다.

그 파도는
출렁거리지 않고 흘러가고
소란하지 않고 고요하다.
요동치지 않고 머물러 있다.

평화다.
잠들지 않아도
깊은 잠에 취하는.

탁란(托卵)

사람이 온다.
정 붙이고
뿌리 내리며
살 사람은 아니다.

사람이 왔다.
떠날 시간 정해 놓고
희망을 노래하며 왔다.

사람이 간다.
돌아오지 않을 길
사랑을 기약하며 간다.

뻐꾸기 떠난 휑한 둥지
바람 스미고 빗방울 떨어져
남은 알, 꼬오옥 감싸 안은
헤진 날개가 있다.

*해마다 6월이면 치앙마이는 붉은머리오목눈이 같은 사람들의
둥지가 된다.

커피

나무도 잎도 꽃도
열매도 향도
모두 유혹뿐이다

이들의 고향이
유혹이기 때문이다.

나도 너도,
인류가
그에게 당했다.

3부
참 아름다운 사람

감사

나이를 먹는다는 것은
서운했던 기억을 지워
불평을 줄여가고
묻힌 은혜를 캐내
감사를 늘려가는 것이다.

입에 재갈을 물리고
떨리는 손으로 펜을 들어
반성문을 기록하고
쌓았던 재물을 풀어
착취한 인심의
빈 곳을 메꾸며
내 이름에 묻은 땟자국을
씻어내는 시간이다.

삶의 가을에 이르면
내 삶 곳곳에 무성한
가라지를 불태워
황량한 들에 뿌리고
하늘을 우러러

빈손 내밀어 보이는 것이다.

한겨울 포근한 눈 이불
문풍지 흔드는 바람에 원망
봄날 아지랭이 낮잠
깨어나지 못한 꿈에 투덜
한여름 구릿빛 이마
미지근한 물에 불평

노을이 지기 전
만족하지 못한 사랑
말라 굳어진 눈물샘에서
은혜를 파내어
감사의 샘물을 퍼 올리자.

고향 1

고향이 어디냐고요
한국이지요
이민국 통과해
짐 찾아 입국 문 들어서면
마중 나온 이 아무도 없다는 것 알면서도
몇 번이고 두리번거려 봅니다.

어디로 가야 할까
누구에게 먼저 전화를 걸어야 하나
공항 벤치에 앉아 한참을 보냅니다.
그리고 내 집도 아닌 집으로
발길을 옮겨놓습니다.

아침이면 행선지도 보지 않고
전철을 타고, 마음이 서는 곳에 내려
담배 연기 없는 찻집에 앉아
수첩에 적힌 전화번호를 수도 없이 뒤적이다

어디 마음 둘 곳은 마땅찮아
서점에 앉아 책 보다 지치면

우리말 듣고 싶어 극장 표 한 장 사둡니다.
숙소엔 일찍 들어가도,
늦게 들어가도 실례가 될 것 같아
시간에 맞추기 위해
골목을 몇 번이고 반복해 돌면서 생각합니다.

아무도 없는 방에 홀로 잠드는 밤이 무서워
지방으로 이동은 부러 밤차를 타고
사우나 문화를 통해 피곤을 달랩니다.

잠들기 전
사랑하는 아내와 아들들 목소리 듣노라면
뒤척이는 소리에 다른 사람 잠 깨울까
한숨으로 그리움 달래어 봅니다.

가끔 생각지도 않은 사람으로부터
만남을 받고
젊음과 나눔을 통해
이렇게 헤진 고향을 추슬러
다시 고향으로 남겨 둡니다.

고향 2

"아따 그 잣것이 질 늦게 들와갖고 그냥 가슴팍을 콱 찔러분디
오메~ 숨이 안 꽉~ 막혀부요."

"오메 그래라, 나는 빌라도 시원허게 잘 히 주든디
근디 다 끝나고 멀뚱멀뚱 치다보고 있는디,
워메 겁나게 거시기 허등마."

육십 평생에 처음 비행기를 타고 오신 여사님 둘이서
처음 받아 본 타이 마사지에 고향 말로 소감을 주고
받는다.

평생 땀 흘린 만큼
하늘이 내려주신 것에 만족하며
성실한 삶을 살아오신 순박한 우리 여사님들

"워메 벼가 저라고 커부렇네잉."
"아니어 포올쎄 배동했구만~~"
차창 너머로 푸른 고향이 지나간다

봄보다 포근하고 한 여름 냉수보다 시원한 일주일,
행복한 고향이 왔다 갔다.

고향 3

1.
사십 오륙 년 만에 다시 걸어보는 이 길이
지난 삼십 년 동안 걷고 달려오던 길보다 익숙하다.

눈인사 한 번 나눈 적 없고 잠시 후 또 떠나면
다시 못 볼 이웃이건만 매일 함께 살던 그들보다 친근하다.

태초의 노래 풀벌레 소리는
흑백 사진 속 얼굴들을 선명하게 그려내고,
돌봐주는 이 없어 스스로 대를 이어온 들꽃에는
빨개진 볼 감추려 고개 숙이고 스치던 향 아련하다.

2.
작은 물로도 콧노래 흥얼거리며
미꾸라지 붕어 고동 오막살이 지어주고
먹이 날라다 주며 흐르던 개울은
가지런히 줄 맞춰 가쁜 숨 몰아쉬며
시멘트벽에 쫓기듯 밀려간다.

호롱불 아래 도 닦던 스님들,
두륜산 허리를 중생들에게 내주고
도도한 도를 팔아 화려한 읍내를 두리번거린다.

어머니 손맛, 풍성한 인심 가득 담겼던 장독은
거꾸로 가는 세상이 부끄러워 얼굴을 땅에 박고
엉덩이를 하늘로 향한 채
욕망의 정원을 지키는 광대가 되었다.

고향 항구

초승달이 유난히 밝고 생기 있던
어느 불혹의 문턱에 들어선 밤
희미한 기억 저편
뿌연 먼지 뒤집어쓰고 있던
고향을 찾아 나선다.

어디를
누구를 찾을 거라는 계획도 없이
막연히 추억의 길 닿는 데로
무작정 터덜터덜 걸어본다.

울퉁불퉁 신작로 길
잿빛 포도로 바뀌었으나
책보자기 비스듬히 메고
흙먼지 일으키며 노래하던
동무들의 숨소리가 살아있고

조심스레 건너던 통나무다리
커다란 시멘트 교각으로 세워져
새 검정 고무신 떠내려간 곳 보이지 않지만

물장구치던 친구 녀석 어찌 잊으랴

이런저런 추억에 잠겨 걷는데
지나던 아저씨 오토바이 세우더니
때 묻은 모자 벗어들고
"저어! 혹시, 둔주리 정도연 씨 아니요?"
"아니! 너, 병철이 아니냐?"
잔인한 세월의 칼이
우리 추억의 장을 수없이 난도질해 놨어도
고향은 변하지 않은 추억으로 남아
만선이 되지 못한 배도 포근히 맞이한다.

어디선가 들려오는
옛 동무들의 노랫소리
초가지붕
그 위에 탐스럽게 열려있는 호박이며 박,
널려 있는 빨간 고추가

이 밤도 나를
고향 항구로 노 젓게 한다.

국화 향

1.
내 몫의 유산처럼
어려서 떠난 아버지가 남긴
추억의 정원 하나 있습니다

볏짚 대롱 살짝 넣어
나비처럼 날아 꿀 따먹던 동백

언 대지 뚫고
빨간 머리 내밀던 작약,

보릿고개 시절
흰 쌀밥처럼 보여
밥티꽃이라 불렀을까요

무더위의 꿉꿉함도
지워버리던 백합 향

그 중, 온 계절을 바쳐서야
한 송이 꽃으로 보답했던

하얀 왕국과 황국은
가슴 깊은 비밀창고에 간직된
아버지의 향기입니다.

이듬해도 그 꽃을 피워보려
아버지의 손 그림자 따라 해 보았지만
아버지처럼 만들지 못한 아쉬움이
아직 마음의 먼지 낀 창고에 남아 있네요.

2.
사춘기 시절,
가을 문학 잔치에
시 한 수 읊으며 광대가 되면
쏟아질 듯 탐스럽던 국화꽃 한 다발
단발머리 소녀가 떨리는 손으로 전해줄 때
현기증 일며 쿵쾅거렸던 심장

그 꽃다발,
단 한 번 보여 주고 떠난 아버지 선물인 양
화병에 담아 자취방 가장자리에 놓고

귓가를 맴도는 군중의 환호와 함께
꿈을 꾸었습니다.

요즘은 아무 때고 그 국화를 볼 수 있지만
늦가을 시와 함께 뿜어져 나오는 국화 향기는
내 마음의 정원에 고스란히 남아
아직도 계절을 따라 피어납니다.

시집(詩集)

어쩌면 이번 겨울이 가기 전
새집을 다 지을지도 모르겠습니다.
45년 동안 진척 없이 내버려 두었던 공사장에
밤낮 불이 켜진 것을 보니
봄이 오기 전
좋은 사람과 나눌 그리움의 집이
세상에 수줍은 미소를 지으려나 봅니다.
신실하신 한 분에 대해 믿음이 기초이고
세상 향한 눈물을 기둥 삼아
가슴 시린 아픔과 미어지는 슬픔,
불같은 분노와 처절한 고독을
보로 세우고 서까래로 올려
내게 가장 귀한 시간으로
지붕을 만들까 합니다.

그 섬에

거친 파도보다는
늘 잔잔한 물결이 고요하게 숨 쉬고
만선이 아니어도
일용할 양식 주심에 감사해
힘 있게 노 젓는 사공,
젖먹이 등에 업고
코흘리개 손 잡고 두부에 서서
먼바다 나간 남편을 기다리는 아낙네
욕심 때문에 바다를 힘들게 하는
사람들이 아닌
자연의 법칙을 따라 사는
천직 어부들만이 외롭게 지키고 있는
그 섬에 가고 싶습니다.

그 바닷가에는
해당화가 곱게 피어있을 것이고
도시 젊은이들 자기 즐거움에 취해
마구 밟아놓은 발자국이 없는
고운 모래사장엔
게와 조개들의 합창만이 들려올 것입니다.

그곳에
풀 침대 만들어 별 이불 덮고
그리운 임의 노래 들으며
잠시라도
내가 가야 할 그 나라에만 취해보고 싶습니다.

명태찌개

4개월째 신세 지고 있는 동서
퇴근길에 동태찌개 한 그릇
포장해 왔다

싸라기눈 녹아
살얼음 언 논둑 길을
엉거주춤 걸어
둔주포 오일장 어시장에 들러
꽁꽁 언 명태 한 마리
새끼줄에 묶어
빨갛게 곱은 손
칼바람 뚫고 돌아와

언 몸 녹이지도 못하고
땅에 묻어둔 무 파내어
굵직굵직 썰고
친구네에서 사 온
손두부 두 모 도톰하게 잘라

작은 가마솥에 넣고

갈퀴나무 아궁이에
불 지펴 지글지글

파 숭덩숭덩
다진 마늘에
고춧가루 몇 순가락
맛을 내고 뜸 들인 동태찌개,
놋그릇에 넘칠 듯 담아와
자, 울 막둥이 배고프지
밥 먹자 하시던 어머님 모습
메인 목에 후루룩 들이켰다

그가 나를 살렸다

한 사흘을
SNS를 싸돌아다녔다.

시인, 글쟁이들, 사진에 빠지고
부르고 그리는 것에 미친 광대들이 모여 있는
사랑방을 기웃거렸다.
철학도 교리도 없는 주제에
역사마저 막아버린
내가 살아가는 세계가
숨 막히게 답답했다.
위선에 곪을 대로 곪아
붉은 동산에 노랗게 솟은
고름 덩어리는
건드리지 않아도
조금씩 고통을 밀어내고 있었다.
조심스레 두 엄지손가락을 눌러
짜지 않았는데도
쏟아진 것은 에덴이었다.
아, 시원하다.
시가 나를 살렸다.

무궁화호

수원에서 일을 보고 광주까지 가는 길은
고급스러운 추억이 묻어있는 무궁화호로 결정했다.
비둘기호가 없어서다.

80년, 추석 귀성 표를 예매하려고
용산역 광장에 신문 깔고 앉아 서너 시간을 기다려
표 한 장을 구매하면 고향을 얻은 것 같았다.

"오징어나 땅콩~ 삶은 계란 이써어~~"
구성진 박자를 따라오는 홍익회 손수레,
새벽 간이역에서 스며드는 가락국수 냄새가
피어난 코스모스처럼 머릿속을 휘날린다.

출발 지연 3분, 도착 16분.
지연은 차라리 비둘기호다웠으나
밤새 홍익회 아저씨는 오지 않았고
검표 승무원도 없었다.
무궁화호 4시간 30분 동안 비둘기호 37년을 달렸다.

시(詩) 1

가슴과 함께 태어나
가슴과 함께 살다가
가슴과 함께 묻어지는 나입니다.

가슴과 함께
쉼 없이 온몸을 휘돌아다니지만
어떤 곳에서도
결코, 모습을 드러내지 않는
얼굴 없는 나입니다.

가슴 같은 나를 만나고
가슴 같은 너를 만날 때만
쏟아지고
토해지는
나입니다.

시(詩) 2

내 속에
잠재되고 헝클어진 감정을
누군가 정리해 세워둔 질서

내가
미루던 일을
누군가 도전해 가는 용기

내가
편안하게 공유할 수 있는
누군가의 아름다운 사유

수원역

늦은 밤 역 풍경이 낯설다.
마음씨 착한 누군지
갈 길을 포기한 노숙자들에게
갈비탕을 끓여 나눠준 모양이다.

바짝 마른 식도를 따라
허기진 사랑을 채우는 소리로
플랫폼에 생기가 돈다.

제법 깔끔하게 차려입은 노신사가
낡은 보따리 가슴에 품고 초점 없이 앉아있는
한 중년 여인에게 다가가
집요하게 치근대 보지만
그녀는 미동도 하지 않는다.

바람이 지나갈까 딱 달라붙어
뚫어지라 서로를 보다가
입맞춤을 반복하는 젊은 연인들

두툼한 가방 어깨에 메고

콧노래 부르며 불을 끄고
셔터를 내리는 어묵집 아주머니
서류 가방 덜렁거리며
서둘러 정거장으로 뛰어가는 샐러리맨

겨울을 향해 수원역을 달리는
기차 바람에, 낙엽처럼
나뒹구는 나그네가 있다.

어머니

숨이 막힐 만큼 당신이 그리웠는데
오늘 당신의 모습을 보고는
그리웠다 말하려던 어리광을 거두었습니다.

연약한 여인, 당신의 등에 지워진 짐은
당신의 고운 얼굴 하늘 한번 향하지 못하고
아들딸 가는 길만 바라게 하셨지요.

철부지들 흘리고 간 신발은
왜 주워들어 당신의 손마저 묶으셨나이까.

집에 오셔서
굽어진 허리 펴볼 여유도 없이
메고 온 쌀자루 풀어 흰 쌀밥 지어 차려놓고
'내 새끼 배 많이 고팠제' 하실 거죠.

어머니

그때 그 길에서
벗겨진 신발 내버려 둔 채

멀찍이 떨어져 당신을 바라보았던 나
그렇게 차린 밥상에서 투정했던 나는
이제 누구에게 용서를 빌어야 합니까?

울 엄마

밤새 뒤척이다 일어나는 순간
온몸에 비 오듯 땀을 쏟아냈다.
남은 게 그리움뿐 일지라도
찾고 싶은 게 있다.
어머니, 엄니다.

내 나이에 울 엄니는
일곱을 짝을 지어 보내고
남은 누나와 나를 보며
이백을 넘나드는
혈액의 압박을 참아내셨다.

샤워하고 젖은 옷을 갈아입었지만
금세 새 옷을 다 적셔버린 땀
가슴이 답답하고 담 결린 듯 등이 조여 온다.

창백해진 내 얼굴을 보고
아내가 걱정한다.
나는 안다.
그리움 때문이다.

얼굴 없는 한가위

어젯밤
달빛은 구름 사이에서
끝내 수줍음을 이기지 못했습니다.

심술궂은 비구름의 장난도
오염된 인간에 대한
반항도 아니었습니다.

고운 빛 함께 가득 채울
따스한 품을 가진 임
기다림이었습니다.

지친 설움에 눈물마저 말라
꺼억대는
이 땅의 모든 슬픔
함께 나누기 위함이었습니다.

4부

참 아름다운 노래

눈사람

눈사람 만들었습니다.
호호 손을 불며
한 움큼 눈으로 주먹밥 만들어
굴리고 가다 보면
혼자는 힘들어 친구를 불러 함께 굴립니다.

몸뚱이 먼저
그리고 머리를 굴려 올리고
쩍쩍 갈라진 손등에 핏빛이 보이는데도
거친 눈사람의 몸뚱이를 마사지합니다.

지난밤, 군불 태우고 남은 숯덩이로
눈, 코, 입을 만들고
짓궂은 친구 모자 빼앗아 씌워 놓으면
추억이 만들어집니다.

그때 만들었던 눈사람은
흔적도 없는데
마음에 세워둔 눈사람은
여태껏 나를 따라

하얀 잔디의 나라까지
녹지 않고 따라왔습니다.

단풍나무 아래서

친구야, 가을이다.
우리 곱게 단장하자.
매화 개나리 진달래처럼
동토를 깨고 일어나
화사함으로 피지도
매실 복숭아 사과 배처럼
열매 하나 맺지 못했을지라도
이제 연지 곤지 찍고
립스틱 진하게 바르고
나그네 길목에 서 보자.

친구야, 가을이 무르익었다.
더는 꽃도 열매도
기다리지 말고
푸르려 애쓰지도 말자.
마지막 남은 윤기에
해님 닮은 색을 칠해
햇빛에 비치는
초상화 한 장 찍어보자.

친구야, 가을이 깊었다.
함께 붙어 있으려
애쓰지 말자.
늦은 싹 틔우고
서로의 그늘만 바라보다
손 한 번 제대로
잡아보지 못한 삶
마지막 남은 기운
바람에 의지해
서로를 향해
손 한번 흔들어 보자.

친구야, 가을이다.
이제 기도하자.
떨어지지 않으려
발버둥 치지 말고
색 바래고 마르기 전에
떨어지게 해달라고,
떨어지면 흩어져
누군가의 발에 짓밟히더라도

그리워하지도
안타까워도 말고
다시 생명에게로 돌아감을
감사하자.

나무 주사

나무가 주사를 맞는다.
친구들과 어깨동무하고
비바람 견디던 뿌리
송두리째 뽑히고

하늘 향해 쭉 뻗은 팔
인간 눈높이로 잘려
백자 항아리에
손발 꽁꽁 묶인 채

이슬에 잎 적시고
해님과 눈인사 나누면
윤기 흐르는 얼굴에
보톡스 맞으며
푸르게 시들어 간다.

더 서러워

타조가 죽었대요
시름시름 앓길래
자기들 아픔은
지치도록 참아내던 아이들이
수의사를 부르는 정성까지 들였는데도
결국, 죽고 말았대요.

고기라도 남겨야 하는데
앓는 사이 너무 말라 있어서
그냥 묻어 주었대요.

2년이면 알을 낳아
희망을 피우리라 했는데
알도, 고기도, 가죽도
남기지 않고
그냥 가 버렸대요.

타조가
죽어서보다도
아이들의 꿈이

죽어버리는 공포가
더 무서워 서럽네요.

*소수민족 공동체, 그들의 자립의 희망을 품고 시작한 타조 농장, 마지막 타조가 죽었다.

보름달 2

보름달은
내 사랑과 수고와 땀과 인내
그 영광스러운 영웅담 깊숙이 감추어진
하얀 속살을 비추는 빛이다.

무화과 나뭇잎 치마
대담하게 엮어 걸치고
자랑스럽게 동산을 활보하던,
부끄럽고 수치스러운
나를 덮는 사랑이다.

활화산처럼 끓고 있는 분노
시퍼렇게 날이 선
복수의 칼날 위에 차려진
풍성한 추석 상에서
생명을 감사하는 은혜다.

꽉 찬 보름달 아래서는
땀에 젖은 내 옷을 벗고
피에 젖은 그의 옷을 입고

그의 향에 취해
그의 편지를 읽는 시간이다.

무지개

하나가 아닌
일곱이 있어야만
희망으로 세우고

맑고 화창한 날이 아닌
어둠의 폭풍우를 이겨내고서야
화려한 너의 자태 드러내는구나

영겁의 세월 동안
너를 사모하여 찾는 이 그렇게도 많았건만
아직 너의 가슴에
이른 이 없는데

오늘
나의 사랑이
너에게로 뻗어
그리움의 다리를 놓아 볼까 싶다.

부부

내 앵글은
당신만 한 자연을
담지 못했고

내 가슴은
당신 같은 평화를
느끼지 못했습니다.

내 삶에
당신만 한
가을은 없습니다.

신경초

여린 마음 때문에
양보한 거니
화려한 자태 때문에
질투를 받은 거니
척박한 땅에 뿌리를 내렸구나.

그늘이 아닌 뙤약볕 아래
말라비틀어진 이웃들 사이에
홀로 푸르러
누구라도 쉽게 찾을 수 있어.

연분홍과
여린 보랏빛이
보일 듯 말 듯 숨겨진 채 이루어낸
너의 그 화사한 불꽃 같은 모습은
어느 귀풍스러운 가구들로
꾸며진 거실 식탁에 놓여
뭇 손길에 지칠 듯도 한데
표정 없는 나그네의
발길을 피해 움츠려 있구나.

어쩌다
맘에도 없는 작은 터치만 있어도
너의 꽃잎보다 더한 홍조를 띠며
수줍음에 고개 숙여버린 너,

여린 네 모습 갖고 싶은
순결치 않은 손엔
숨겨진 가시로 앙탈지게도
삶을 지키는 너를
그리고 노래하고 춤추고 싶구나.

세월호의 아이들!

순식간에 차오르는
짜고 찬 바닷물
갑자기 깊어진 어둠 속에서
마지막 호흡까지 부르짖다

발버둥 치는 기다림마저
사각 철판 안에
꼭꼭 닫혀버렸지만

온몸으로
1만 톤을 들어 올리며
기다리다
기다리다

맹골수도보다 거칠고
밤바다보다 까만
과제를 남겨 두셨지요.

미안합니다.
죄송합니다.

여러분의 꿈까지 안고
더욱 성실하고 바르게 살아서
훗날 여러분을 만났을 때는
그냥 마주 보고 미소만 짓겠습니다.

섬

넓은 바다에 떠 있는
수평선에도 놓이지 않고
뭍을 서럽게 그리워하는
나는 섬인가 봅니다.

어부들도 찾지 않고
갈매기조차도 드문
아무리 쏟아도 차지 않을 바다에
외로움의 눈물을 흘려보내야 하는
나는 섬인가 봅니다.

역설

슬픔만이 고난인 줄 알았는데
기쁨에도 기막힌 설움이 있었습니다.

포기하고픈 고통이 절망인 줄 알았는데
이젠 됐다고 느끼는 교만이 끝이었습니다.

꿈의 성취가 행복인 줄 알았는데
그리워함에 희망이 있었습니다.

이별이 아픔인 줄 알았는데
만남이 번뇌였습니다.

친구 1

느지막한 시기,
불혹을 지나 한 사람을 만났습니다.

조각 같은 흰 얼굴에
진한 슬픔이 차갑게 얼어붙어
열전도 법칙이 통하지 않을 것 같았고

부름 받은 모세가 느꼈던 갈등에
불로 응답 받은 엘리야의 체험이 충돌돼 일으킨
거센 소용돌이 속에 서 있는 듯했습니다.

그를 알아가는 즐거움은
진한 감동을 넘어 희망이었습니다.

목을 조여 오는 세포 덩이
세 번을 털어낸 그였기에
내가 임들을 사랑하고 섬김보다
임들에게 받은 것이 더 많아
어떻게 갚을 수 있지,
라며 붉은 은혜를 토해냈나 봅니다.

다 주지 못한 사랑
고스란히 관속에 넣어 가신 어머니를
차가운 창고 안에서 영혼으로 만났기에
어떻게 해야 임들을
참으로 행복하게 해 줄 수 있지,
라고 고민할 수 있었나 봅니다.

아직 어려서라기보다는
진실을 이해하지 못하는
세상과 싸움에 지쳐서인지
내가 구원받는다는 것은 확실한 것 같고
어떻게 해야 바르게 사랑하는 거지,
라고 눈시울 적셨나 봅니다.

난 그를 친구라 부릅니다.

그 친구가 좋은 것은
내가 그에게 빠져 일탈하지 않기 때문입니다.

친구 2

이 친구,
일회용 면도기
거친 수염에 걸려
붉은 선혈 훑어내는
비밀을 알아 버렸다.

들려오는 뒷이야기
자존감을 찌르는 동정
혓바닥 내민 운동화 끌고
살인미소 짓는
아들 녀석도 참아냈던
말라 거북 등 된 눈에서
뜰뜰한 눈물 한 그릇 **빼앗아** 갔다.

인동초

세상에서 가장 아름다운 모습은
모든 것이 제자리에 있는 것

여린 애증이 남아 있는 친구들,
이렇게 제자리에 서 있지 않았다면
잠시 으쓱댈 수는 있어도
이렇듯 잔잔한 감동은 없었을 것

끊임없이 도전해오는 욕심의 강 앞에서
있어야 할 자리에 서 있는 네 모습,
조롱하는 소리와
철저히 외면당하는 중에도
아직 그곳에 있으라는 주인의 명에 따라
살을 에는 겨울바람보다 더 차갑고 따가운
왜인지를 아는 자들의 눈총도 아랑곳하지 않은 채
네가 서 있는 그곳,
세상에서 가장 아름다운 모습에
사랑의 인동초 피어나리.

■해설

메콩강 소년의 눈에 비친 세상과 시

박 몽 구
(시인·문학평론가)

 정도연 시인은 어느덧 등단 10여 년의 연조를 헤아리는 시인이다. 모든 것이 속절없이 빨리 돌아가는 시대에 이 같은 시적 이력에도 불구하고 시적 궤적이 그다지 널리 알려진 사람은 아니다. 세상에 자신을 드러내기를 그다지 반기지 않는 성품이기도 하지만, 그는 작품적인 성과에 집착하기보다 시의 바탕이 되는 삶을 깊이 뿌리는 데 전력을 다해 왔기 때문이다.
 그는 시인이기 이전에 기독교 목회자로 다년간 몸담아온 사람이다. 목회자로서 국내에서 안정된 기반을 닦기보다, 무엇보다 따스한 관심을 필요로 하는 태국 북부의 오지 치앙마이 지역을 스스로 선택하여 참사랑을 실천해온 사람이다. 그는 이번 시집의 표제에 등장

하는 '빠마이'라는 곳을 제2의 고향으로 삼아 벌써 32년째 사랑의 공동체를 꾸려오고 있다. 이곳은 태국 북부 메콩강 유역 소수민족 거주 지역으로, 골든 트라이앵글이라 불리듯 검은 자본의 이해 관계가 얽혀 있고 그만큼 민초들의 삶이 버거운 곳이다. 그는 이곳에서 가난하고 힘없는 사람들을 돌보며, 참예수의 정신을 묵묵히 실천하고 있다. 이 시집은 가난과 핍박을 넘어 아름다운 세상을 만들어가는 사람들과 함께해온 삶의 기록이다.

이 시집에는 먼저 그가 몸담고 살아온 메콩강 유역 소수민족의 어려운 삶의 모습과 함께 이를 감싸서 밝은 미래로 이끌어 가려는 한 실천가의 피어린 삶이 잔잔하게 그려져 있다. 그가 오랫동안 삶의 터전으로 삼아온 이 지역은 때로 국경마저 불분명한 채 주변 국가의 개입에 따라 삶의 터전이 훼손되기도 하고, 주거마저 불안정한 지역이다. 그는 민초들의 삶이 흔들리는 지역에서 어려움에 처한 사람들을 돕고, 함께 야생화처럼 부박한 땅에 깊게 뿌리를 내리며 살아오고 있다.

메사이 '다리'
태국과 미얀마 사이를 흐르는
'쏩루악' 시내 위에 놓인
15m의 국경 다리,
그곳엔 세계가 있고

숨 쉬는 삶이 보인다.

때 묻지 않은 자연과
문명의 이기가 함께 호흡하고
쉴 새 없이 오가는 수많은 사람과
가득 채운 화물트럭이
이데올로기를 넘나들며
삶을 꿈꾸며 가는 곳.

핫팬츠, 디지털카메라, 금발 머리,
어느 부족의 전설에 나오는
흰 코끼리 마냥
덩치 큰 서양 관광객,

행여,
그가, 오래전 잃어버렸다는
그 형제인가!
언젠가 빵을 가지고 찾아올 거라는
막연히 가슴속에 흐르는
전설에 희망을 품고
바나나 잎 한 짐을
이마와 등에 메고 건너와
쌀 한 봉지와 소금 한 줌에
휜 허리 펴며
만족한 미소를 머금은 부족 여인들,

제 몸 가누기조차 힘든 아이가
제 덩치만 한 동생을

뗏물 흐르는 보자기에 의지해 메고
국경 다리를 넘나드는 착한 사람들을 찾아
빵 달라고 두 손 내밀어
흔들어대는 아이들

(중략)

그곳에 가면 세계가 있고
언제나 변함없는 그 모습인 것 같으나
매 순간 새로운 화면으로 가득한
작은 우주가 숨 쉬고 있다.
―「메사이 다리」 부분

　일명 골든 트라이앵글이라고 하여 마약 재배와 검은 거래 등 여러 문제들이 뒤섞여 있는 메콩강 삼각주의 현실을 잘 보여주는 시이다. 메사이 다리는 태국과 미얀마의 경계선이 지나가는 메사이 국경 마을에 있는 다리이다. 하천 가운데를 경계로 하여 북쪽은 미얀마이고, 남쪽은 태국인데 다리 가운데로 국경이 지나가고 있다. 문제는 이런 공간적 배경을 넘어, 정착민뿐만 아니라 전쟁 등을 피해온 피난민들이 뒤섞여 있다는 점이다. 부박하게 대지에 엎드려 살아가는 민초들이 직면한 어려움과 비인간적인 현실을 시인은 맑은 눈으로 직시하고 있다.
　화자는 메사이 다리라는 공간이 차지하고 있는 위상을 가리켜 '태국과 미얀마 사이를 흐르는 '쏩루악' 시내 위에 놓인/ 15m의 국경 다리,/ 그곳엔 세계가 있고/ 숨 쉬는 삶이 보인다'라고 지적한다. 즉 지극히 짧은 국경 다리일 뿐이지만 여기에는 열강들의 이익과 결탁된 검은 자본의 영향이 숨어 있음을 암시한다. 하지만 그런 뜨거운 암투 속에서도 화자는 사람들이 대지를 지키며 묵묵히 삶을 영위해 가는 모습을 투시하고 있다.

이어 겉으로는 평온한 국경 지대를 구경 삼아 찾은 외국인들을 가리켜 '핫팬츠, 디지털카메라, 금발 머리,/ 어느 부족의 전설에 나오는/ 흰 코끼리마냥/ 덩치 큰 서양 관광객'이라고 묘사한다. 마약 재배와 거래 등 불온한 현실을 조성해 놓고도 애써 외면한 채 겉으로만 싱그러운 시골 마을 풍경을 눈요깃거리로 삼는 강대국 국민들을 비판적으로 인식하고 있는 셈이다. 나아가 화자는 '행여,/ 그가, 오래전 잃어버렸다는/ 그 형제인가!/ 언젠가 빵을 가지고 찾아올 거라는/ 막연히 가슴속에 흐르는/ 전설에 희망을 품'고 '휜 허리 펴며/ 만족한 미소를 머금은 부족 여인들'이라고 언술함으로써 열강들이 가난한 현지 주민들에게 허황된 꿈을 심어주고 있다는 사실을 넌지시 암시한다. 은근히 '형제'라며 악수를 청해오는 열강들과 간신히 배고픔을 겨우 면할 만큼 '빵'을 건네는 자본가들이 얼마나 음험한 얼굴을 숨기고 있는지 잘 환기해 주고 있다.

시인은 메사이 다리 일대는 단순히 변방의 작은 마

을이 아니라 오늘의 모순을 보여주는 '세계'이자, 그 모순을 넘어 인간다운 삶을 새롭게 펼치고자 애쓰는 사람들이 온몸으로 '매 순간 새(롭게 열어가는) 작은 우주'라고 단언하고 있다. 메사이 다리를 제유(提喩)로 하여 오늘 세계의 모순을 드러내는 한편, 온몸을 던져 살아가는 민초들이야말로 그 같은 모순을 넘어 세계를 풍요롭게 만들 수 있는 존재임을 투시하는 혜안이 깃든 작품이다.

> 강가에는 모래톱 대신 돌담
> 바위산이 무너지고 마천루가 솟았다.
>
> 황톳빛 물침대에 누워 흔들리며 졸던 별들은
> 수은 가로등 싸늘한 눈빛을 피해 숨어버렸다.
>
> 카지노 앞 가라오케 베이스 앰프에 강물이 흔들리고
> 밤새워 암석을 찍어대는 굴착기의 둔탁한 소리가
> 풀벌레의 청아한 노래를 삼켜 버렸다.
>
> 종일 쉴 새 없이 관광객을 나르던 강물도
> 어둠 속에 자취를 감춘 걸 보니
> 고단한 몸 어딘가에 부리고 잠시 쉬고 있나 보다.
>
> 내 사랑 메콩의 시름이 깊어지고 있다.
> 문명의 무게만큼
> 　　　　　　　　　　　　　　－「내 사랑 메콩」 전문

위의 시도 역시 메콩강 상류 일대의 골든 트라이앵글 지대가 보여주는 겉과 속이 다른 모습을 제재로 하고 있는 작품이다. 첫 대목에 제시된 이미지는 이를 잘 보여주고 있다. 즉, '강가에는 모래톱 대신 돌담/ 바위산이 무너지고 마천루가 솟았다'고 그려냄으로써 마약을 매개로 한 자연 파괴와 '마천루'로 상징되는 반환경적 개발의 문제점을 인상 깊게 환기하고 있다.

  이어지는 대목에서도 겉으로는 화려한 개발이 이루어지고 있지만 사람살이는 더욱 황폐해지고, 메콩강 일대는 갈수록 깊어가는 난개발의 상처를 앓고 있는 현실을 구체적으로 부각시키고 있다. 즉 맑은 별빛과 이를 가려버리는 '수은 가로등 싸늘한 눈빛'의 대비를 통해 난개발이 아름다운 자연을 얼마나 철저하게 파괴해 버리는가를 환기하고 있다. 이어지는 대목에서 '카지노 앞 가라오케 베이스 앰프에 강물이 흔들리고/ 밤새워 암석을 찍어대는 굴착기의 둔탁한 소리가/ 풀벌레의 청아한 노래를 삼켜 버렸다'라고 언술함으로써, 카지노, 앰프 등 반인간적 문명의 이기들을 뫼비우스의 띠처럼 제시하고 있다. 이를 통해 잇따른 난개발이 사람다운 세상과는 거리가 먼 검은 자본의 소행이라는 점을 힘주어 말해주고 있다.

  화자가 결구를 통해 '내 사랑 메콩의 시름이 깊어지고 있다./ 문명의 무게만큼'이라고 말하고 있다. 이를 통해 메콩강의 문제는 단순히 정정이 불안한 한 국경 지역에 국한되지 않는, 음험한 자본이 초래할 수 있는 난개발, 반인간적 문명이 결과한 문제임을 환기하고 있다. 정도연이 시를 통해 제기하는 문제가 단순히 개인의 문제를 넘어 우리 모두가 함께 풀어야 할 과제로 부각되는 것은 이 같은 이유에서이다.

  정도연 시인이 이번 시집에서 다루고 있는 것은 그 자신이 몸담은 채 살아가면서 복음을 널리 나누고 있는 먼 타국의 어려운 현실만은 아니다. 때로는 국경마저 모호해지는 경우도 있고, 나아가 오염된 자본의 살포로 사람살이는 더욱 가팔라져 가고 있다. 하지만 그가 주목하고 있는 것은 그같이 어려운 환경에 굴하지 않고 서로 감싸면서 사랑의 연대를 넓혀가며 살아가는 사람들을 둘러싼 드라마이다.

    만년설 녹아내려
    얼어붙은 대지 촉촉이 적시고
    먼바다를 그리며 늘어선
    봉우리와 봉우리 사이사이를
    흐르고 흐르는 동안
    바위의 모난 거친 부위를 윤기 나게도,
    윗동네 시집간 딸 소식
    아랫동네 친정 어미에게 전해주기도
    총도 칼도 없이
    막다른 곳 찾아 피해 온 병사들에게
    잠시 쉴 시간을 만들어 주기도

기름진 토양 만들어
구름처럼 살아가는
소수민족의 허기진 배를 채워주기도
태고부터 감추어진 보석과
가냘픈 여린 꽃잎으로
탐욕가의 피를 뽑아 붉게 물들이게도 한
너, 메콩강아
내가 너에게 소년의 꿈을 품었노라.

-「메콩강 소년」 부분

  메콩강 북부 상류 골든 트라이앵글 지역은 2차대전, 중국의 국공 전쟁, 지금도 계속되는 소수민족 독립 전쟁, 그리고 그 전쟁 속의 전쟁, 마약의 재배와 공급 루트 장악을 위한 전쟁 등 아픈 역사가 반복되는 곳이다. 이곳을 오랫동안 삶의 근거지로 삼아온 토박이들 외에도 미얀마와 캄보디아, 라오스 등 부근 국가의 정정이 불안해질 때마다 수많은 난민들이 몰려드는 무국적 지대이기도 하다.
  화자는 이같이 미묘한 지역적 환경과 정세가 교차하는 지역에서 기독교 선교 사역을 하면서 30년 넘게 살아온 사람이다. 성장해 가는 교회에 몸담은 채 충분히 살아갈 수 있으면서도 그같이 열악한 곳을 찾아 현지인들과 똑같은 삶을 꾸려가는지 잘 알 수는 없다. 하지만 그의 시 곳곳에 숨어 있는 따스함을 통해 세상은 살아갈 만하다는 점을 환기시키고 있다.

화자가 '봉우리와 봉우리 사이사이를/ 흐르고 흐르는 동안/ 바위의 모난 거친 부위를 윤기 나게도,/ 윗동네 시집간 딸 소식/ 아랫동네 친정 어미에게 전해주기도' 한다고 언술하고 있는 것은, 어려운 자연 환경을 이기면서 따스하게 살아가는 메콩강 삼각주 마을을 둘러싼 드라마의 알레고리이다. 나아가 '총도 칼도 없이/ 막다른 곳 찾아 피해 온 병사들에게/ 잠시 쉴 시간을 만들어 주'는 모습은 국경을 넘나들며 총을 쥔 채 살아가는 군인이라 하여도, 제 가족처럼 감싸는 인정을 전해준다. 총의 무서움보다는 제 아들과 같은 마음으로 품어주어야 하는 모정을 베푸는 인심이 따스하게 다가온다. 또한 풍부한 메콩강은 누가 독점하지 않아도 '기름진 토양 만들어/ 구름처럼 살아가는/ 소수민족의 허기진 배를 채워' 줄 만큼 넉넉하다는 사실을 일깨워 준다. 이같이 상처는 감싸고 부족한 것은 서로 메워주는 인정이 '탐욕가의 피를 뽑아 붉게 물들이게도 한/ 메콩강'을 넘어 사람 사는 세상을 넉넉하게 하나로 만들어 간다는 인식을 드러낸다.

    빠마이 공동체는
    그리움을 삼켜야 하는 곳입니다.

    그립다 편지도, 멜도, 전화도 할 수 없는
    그냥
    모든 그리움을 삼켜

시로 토해내고
노래로 뿌려지는 곳입니다.
                            －「빠마이」 부분

문명은 선 긋는 것을 좋아하고
편 가르기 게임에 목숨 건다
구속될 수 없는 자연을
구속하겠다고 으름장이다
밤낮없이 불 밝히고 눈을 번득이며
깊은 숲을 노려본다.
문명이 남긴 빚더미를 끌어안고
자연은 자신의 한계 앞에 무릎 꿇어
그를 받아들이며 동거를 시작한다.

저기 그어놓은 저 선은
무엇에 대한 도전일까.
                            －「국경 앞에서」 전문

  앞의 시인 정도연이 살고 있는 치앙라이의 빠마이 마을을 소재로 한 작품이다. 시인이 메콩강 상류의 한 지방으로 고립되다시피 한 소수민족 거주 마을을 삶의 근거지로 하면서도 사람살이의 냄새가 가장 물씬 풍기는 곳이라고 말한다. 빠마이는 태국 북부에 있는 도시 치앙라이에서 트럭을 타고 40분 정도 밀림으로 들어가야 하는 소수민족 공동체이다. 우리나라로 치면 강원도 정선 정도에 해당되는 산골이다. 이런 마을에 형성

된 공동체에서 선교 사역을 하면서 시인은 참인간의 모습을 발견한다. 화자는 빠마이를 가리켜 '그립다 편지도, 멜도, 전화도 할 수 없는/ 그냥/ 모든 그리움을 삼켜/ 시로 토해내고/ 노래로 뿌려지는 곳'이라고 말한다. 예수가 가장 작은 자에게 해준 것이 곧 나에게 베풀어준 것이라 했듯, 작고 소외된 곳에 인간다운 향기와 참삶의 가치가 있다는 아포리즘을 제시하고 있다.

시인 정도연이 살고 있는 곳은 태국과 미얀마 국경선이 인접한 곳이다. 이런 오지인만큼 소외된 소수민족과 때로는 전쟁과 압제를 피해 몰려든 난민들이 혼재한 곳이다. 뒤에 든 시에서 화자는 사람이 아닌 국경과 영토 확장만이 문제인 세상을 묵시하고 있다. 시의 앞부분에서 화자는 '문명은 선 긋는 것을 좋아하고/ 편 가르기 게임에 목숨 건다/ 구속될 수 없는 자연을/ 구속하겠다고 으름장이다' 라고 언술함으로써 국경은 단순히 경계를 넘어 '문명'으로 상징되는 가진 자들이 자신들의 이익을 지키기 위해 그어놓은 비인간적인 분계선이라고 지적한다.

하지만 살아 있는 정신을 가진 이들은 이 같은 냉혹한 현실의 억압에 결코 무릎 꿇지 않는다. 화자는 빠마이 공동체 등 국경지대에 소수 민족들과 가난한 난민들을 감싸안은 숲을 가리켜, '문명이 남긴 빚더미를 끌어안고/ 자연은 자신의 한계 앞에 무릎 꿇어/ 그를 받아들이며 동거를 시작한다'고 말한다. 버려진 그 숲에 공동체를 만들어 문명의 때가 묻지 않은 세상을 건설하고, 그것이 오염된 자본과 문명의 상처를 앓는 곳으로까지 멀리멀리 퍼져 가기를 바라는 마음을 절실하게 담고 있다. 어떤 의미에서는 땅끝이기도 하지만 그곳에서 불같은 희망을 견인해 낸다. '나를 막아선 그/ 더는 내가 할 수 있는 게/ 아무것도 없는 그곳에/ 홀로 서 있는 게 희망이다'(「끝」)라고 언술하고 있는 것은 그 같은 시적 사유의 일환이다.

이번 시집을 읽으며 그 같은 아가페적인 정신이 어디에서 나왔는지 궁금했는데, 시집 전체를 통독하면서 그가 태생적으로 받아온 이타적인 사랑의 경험에서 비롯되었음을 알 수 있었다. 그 자신 가난한 시골 마을 출신이면서도 정신적 풍요를 누린 경험이, 기독 신앙과 합쳐지면서 어려운 사람들에게 가진 것을 나누는 이타 정신으로 발전해간 것으로 보인다.

    내 몫의 유산처럼
    어려서 떠난 아버지가 남긴
    추억의 정원 하나 있습니다

    볏짚 대롱 살짝 넣어
    나비처럼 날아 꿀 따먹던 동백

언 대지 뚫고
빨간 머리 내밀던 작약,

보릿고개 시절
흰 쌀밥처럼 보여
밥티꽃이라 불렀을까요

무더위의 꿉꿉함도
지워버리던 백합 향

그 중, 온 계절을 바쳐서야
한 송이 꽃으로 보답했던
하얀 왕국과 황국은
가슴 깊은 비밀창고에 간직된
아버지의 향기입니다.

이듬해도 그 꽃을 피워보려
아버지의 손 그림자 따라 해 보았지만
아버지처럼 만들지 못한 아쉬움이
아직 마음의 먼지 낀 창고에 남아 있네요.
-「국화 향」 부분

    시인의 아버지는 아들에게 추억의 정원 하나를 남겼다. 하지만 그것은 개인 소유의 것이라기보다 산들에 아름답게 펼쳐진 논밭이었다. 유추해 보면 시인의 부친은 아들을 곱게 키우기보다 산과 들을 마음껏 누비게 하고 농사일도 거들게 했던 것 같다. 이를 통해 자연 사랑의 정신을 몸에 배게 해준 것이 시인에게 무엇보다 값진 유산이 되었을 것이다. 시 속에서 그의 시절을 가득 채운 자연을 가리켜 '볏짚 대롱 살짝 넣어/ 나비처럼 날아 꿀 따먹던 동백// 언 대지 뚫고/ 빨간 머리 내밀던 작약,// 보릿고개 시절/ 흰 쌀밥처럼 보여/ 밥티꽃이라 불렀을까요'라고 선명하게 그림이 그려지도록 진술하고 있는 대목은 그가 누구보다 넉넉하고 값진 유산을 물려받았음을 암시해 준다. 한없이 배고팠던 시절 흰 동백이나 작약을 흰 쌀밥이라는 은유의 다리로 연결시켜 놓고 있는 점이 절묘하다. 당장의 밥 못지않게 자연과 함께 사는 것이 얼마나 정신의 뜰을 풍부하게 해주고 있는지를 잘 말해준다.

연약한 여인, 당신의 등에 지워진 짐은
당신의 고운 얼굴 하늘 한번 향하지 못하고
아들딸 가는 길만 바라게 하셨지요.

철부지들 흘리고 간 신발은
왜 주워들어 당신의 손마저 묶으셨나이까.

집에 오셔서
굽어진 허리 펴볼 여유도 없이
메고 온 쌀자루 풀어 흰 쌀밥 지어 차려놓고
'내 새끼 배 많이 고팠제' 하실 거죠.
　　　　　　　　　　　　　　-「어머니」 부분

먼 타국에서 선교 사역 중 오랜만에 고향을 들렸을 때 시인의 어머니와의 상봉 장면을 소재로 삼은 시이다. 아들을 목회자로 키우고 딸자식을 출가시키느라 여윈 자신은 돌보지 않고 어머니는 자식들 걱정을 먼저 한다. '연약한 여인, 당신의 등에 지워진 짐은/ 당신의 고운 얼굴 하늘 한번 향하지 못하고/ 아들딸 가는 길만 바라게 하셨지요' 하는 대목은 자신보다는 자식들을 늘 마음에 둔 어머니의 미덕을 환기한다. 나아가 자식들을 자신에게 묶어두기보다 먼 밖으로 나가 이타행을 실천하게 하면서 늘 눈물을 감추던 어머니야말로 시인에게 가장 큰 힘이 되어 주었으리라.

끝은 늘 새로움과
이어져 있다는 것이
그나마 위로다.

사랑은 포용해야 한다는
진리가 주는 책임감
그 걸맞지 않은 자리에서
일어나야겠다.

미련의 낡은 커튼을 젖히고
고도 근시적 습관에서 벗어나
창문 너머를 보고
담장 밖 나들이라도 해야겠다.

2월이 좋은 것은 세상을
처음 만난 날이기도 하지만
미련의 종말에 이르기 전에
봄을 시작하기 때문이다.

마냥 어리석은
사랑의 열매를 기대하기보다
희미하나 아직 남은
임의 향기와 체취가
사라지기 전에
날갯짓을 서둘러야겠다.

-「2월 28일」 전문

  마지막으로 선교 사역자로서, 정신적 가치를 무엇보다 우위에 두는 시인으로서의 마음가짐을 담은 시를 골라 보았다. 첫 대목에서 시인은 '끝은 늘 새로움과/ 이어져 있다'는 아포리즘을 제시함으로써, 삶은 작은 결실에 머물지 않고 묵묵히 앞으로 전진해야 한다는 사유를 펼친다. 이것은 삶과 죽음을 한자리에 놓는 기독교적 영생관과도 통한다. 전개 부분에서 화자는 '2월이 좋은 것은 세상을/ 처음 만난 날이기도 하지만/ 미련의 종말에 이르기 전에/ 봄을 시작하기 때문이다'라고 말한다. 2월을 끝으로 읽기보다 새롭게 봄을 맞은 출구로 인식하는 아이러니가 신선하게 읽힌다.
  결구 부분에서는 사랑을 기대하기보다 먼저 베풀어야 한다는 사유로 발전해 가는 품이 활달하게 익힌다.

이타적인 사랑에 대한 상찬보다 더 자신을 더 던져 앞으로 나아가야 한다는 사유는 무구한 기독적인 세계관이다. '마냥 어리석은/ 사랑의 열매를 기대하기보다 … 임의 향기와 체취가/ 사라지기 전에/ 날갯짓을 서둘러야겠다'고 결구하고 있는 대목은 그 같은 기독관이자 물질을 넘어 정신적인 가치를 소중하게 여기는 시인의 세계관이기도 하다.

  정도연 시인은 이 같은 일련의 시들을 통해 기독교적인 가치관을 구현해내고 있을 뿐더러, 물질이 풍부한 세상에 대한 집착을 넘어 가진 것을 남김없이 이웃에 베푸는 이타적인 세계관을 설득력 있게 그려내고 있다. 예수라는 시어를 굳이 사용하지 않더라도 기독교적인 세계관을 잘 형상화하고 있다는 점에서 김현승의 시관을 내면화한 시인으로 자리매김되어도 좋을 것 같다. 나아가 비인간적인 문명을 넘어 정신적 가치를 환기시키는 시인으로서의 위치를 확고히 하기 바라면서 조촐한 시 읽기를 마친다.

내 사랑 빠마이

찍은날 2021년 1월 10일
펴낸날 2021년 1월 15일
지은이 정도연
펴낸이 박몽구
펴낸곳 도서출판 시와문화
주 소 (13955) 경기 안양시 동안구 경수대로883번길 33,
       103동 204호(비산동, 꿈에그린아파트)
전 화 (031)452-4992
E-mail poetpak@naver.com
등록번호 제2007-000005호(2007년 2월 13일)

ISBN 978-89-94833-66-8(03810)

정 가 12,000원